LA FIN DE LA TOUR D'UGOLIN;

SUIVIE

DES PROJETS ANNONCÉS EN 1821,

ET PUBLIÉS POUR CÉLÉBRER L'AVÈNEMENT

DE CHARLES X AU TRONE.

Savoir : 1.º Projet sur le droit de pétition développé en 1814, par un Député dans l'intérêt de la Monarchie, et dont N.. s'empara dans son intérêt pendant l'interrègne ; suivi d'un projet *Conciliateur* sur la liberté de la presse.

2.º *Le Conciliateur* ou Moyens de crédit pour fermer les dernières plaies de la révolution et réduire les impôts ; *Moyens de crédit* précédés de l'examen impartial de l'Administration financière de M. DE VILLÈLE ;

3.º *Proposition garantie par des cautions* pour fournir à CHARLES X les moyens de récompenser l'armée fidèle, dans un vaste domaine offert à M. DE VILLÈLE, en 1823.

PAR M. DARMAING,

Ancien Magistrat, Auteur du plan financier auquel M. Bergasse se réfère dans son livre sur la Propriété.

A PARIS,

Chez L'AUTEUR, rue de Sèvres, n.º 9.

1824.

On trouve chez les mêmes, les Moyens de
de Crédit *et* la Tour d'Ugolin *publiés par
le même auteur,* en 1819 *et* 1821.

ERRATUM.

Dans le roman semi-historique, intitulé *la Tour
d'Ugolin*, après avoir retracé le règne de Charles II , Roi d'Angleterre, sa mort et l'avènement
au trône de Jacques II , le discours populaire de
ce monarque qu'on croyait partisan du pouvoir
absolu , ses vertus, ses malheurs, son abdication,
l'auteur suppose que ce Souverain se retira à la
Trappe. C'est une erreur accréditée par un historien
mal informé.

Extrait de l'ouvrage de M. Bergasse *publié en* 1821.

M. *Darmaing* , ancien Magistrat qui depuis plusieurs années ne cesse de s'occuper de la cause des
émigrés avec une persévérance qu'aucun obstacle n'a
pu ralentir, vient de me communiquer un travail
où il démontre, par des calculs incontestables, que le
mode d'indemnité qu'il propose , loin d'affaiblir les
produits du fisc, en augmentera , au contraire, con-
sidérablement la valeur, sans nuire au soulagement
projeté des contribuables. Ce travail, extrêmement
important, achèvera de porter la conviction dans
tous les esprits.

AVANT-PROPOS
DE L'AUTEUR.

Aperçu de l'ensemble de mes projets ; comparaison du discours de Jacques II *à son avènement au trône, et de mes réflexions publiées en* 1821*, avec le premier discours de* Charles X *; erreurs de* Jacques II *; ses malheurs ; mesures qui l'auraient sauvé ; la fin de la Tour d'Ugolin ; ordre et marche de la discussion.*

———

Le roi est mort ! vive le roi ! Oui ! *Le Roi ne meurt jamais en France !* Ces dernières paroles d'un monarque, dont le dernier soupir fut un vœu pour le bonheur de ses sujets, me prescrivent des devoirs ; je vais les remplir.

Contribuer, autant qu'il est en moi, à honorer la mémoire de *Louis le désiré,* en procurant à Charles X les moyens de réaliser le vœu de son auguste frère ; de suivre, à l'exemple de Saint-Louis, la céleste doctrine consignée dans un livre divin ; de connaître toute la vérité pour réparer tous les torts et griefs ; de fermer les dernières plaies de la révolution, et de réduire les impôts ; d'augmenter la splendeur du trône et de récompenser l'armée fidèle :

Tel est mon but ; je suis sans ambition ; je ne demande ni emplois ni faveurs.

Cependant, *éclairé par l'expérience* (il est de mon devoir d'honorer encore les cendres de Louis XVIII, en parlant sans passion, mais sans acception des personnes, dans un moment où la connaissance des hommes et de l'opinion publique est si importante pour son successeur ; dans un moment où la sagesse de *Charles* X, bien informé, saura éviter les erreurs de *Jacques* II, mort à Saint-Germain) ; éclairé par l'expérience, dis-je, je reconnais la nécessité de révéler tout ce que je sais pour empêcher que quelque ambitieux ingrat, *usé* ou *blasé dans l'opinion publique*, et qui me doit tout, à qui je ne dois rien, ne puisse se faire illusion sur sa situation politique, et son habileté ; se croire nécessaire au salut public ; et si mes projets *conciliateurs* sont utiles, les conserver sans accuser réception, les approprier à des idées *d'agiot*, froisser, diviser, ajourner les intérêts que je cherche à concilier ; tenter d'arracher 28.ᵐ *en imitant Borée*, tandis qu'on peut obtenir 3o.ᵐ, 6oᵐ., 1oo.ᵐ, et plus, par mes moyens de crédit, *en imitant le Soleil* ; en faisant dire aux petits et aux grands ; *je gagnerai ou je pourrai gagner d'une main plus que je ne paierai de l'autre* ; en faisant chanter, en un mot, par ceux qui paieront ; *vive Charles* X! *Vive Henri* IV, *vive ce Roi*, etc.

Quel est cet ambitieux ingrat, *usé ou blasé dans l'opinion publique?* C'est... je le nommerai quand il en sera temps... ; il est très-*innocent*, peut-être. Un ingrat ambitieux peut à son tour être victime d'un ambitieux ingrat. Buonaparte lui-même ne fut souvent que le mannequin, sans s'en douter, d'un ingrat ambitieux, *à genoux flexibles* ; au surplus, un ministre n'est pas habile et nécessaire, parce qu'il sait improviser : quand on parle souvent on finit par étourdir, s'user, se contredire, et on s'expose à recevoir des démentis. En matière de finances, on ne juge pas l'habileté d'un ministre d'après ses phrases, mais d'après les résultats. Si l'addition de toutes les sommes que les ministres ont prétendu chaque année avoir économisées n'était pas fictive, le vœu d'*Henri* IV serait réalisé ; et cependant le dernier chiffre du budget est toujours 900 millions et plus. Un ministre serait loin d'être nécessaire, *quand même* il aurait l'habileté d·faire passer certains *bills*. Un ministre de Jacques II avait cette habileté, et Jacques II fut forcé de se réfugier en France. Ce monarque revient en Écosse, est proclamé Roi, et deux bills, votés par acclamation, lui font perdre définitivement la couronne. Nous n'avons pas à redouter de semblables malheurs ; mais un ministre n'est pas habile et nécessaire, parcequ'il a conçu le projet de faire payer 28.^{m}, en offrant les consolations du *cardinal Mazarin*, lorsqu'il peut avoir le double et plus en offrant les consolations de *Sully*, en soulageant les contribuables, en faisant chanter *vive Charles* X! *vive Henri* IV, *vive ce Roi*, etc.

Un ministre n'est pas habile et nécessaire; lorsqu'après avoir échoué parce qu'il n'a pas su préférer le certain à l'incertain, il n'a pas même la politique d'observer les formes de la civilité, en écrivant *ab irato*, à un homme d'État dont le nom seul, porté sur les ailes de la renommée, soulève contre lui une armée littéraire, redoutable par sa force morale, son éloquence et sa logique, ses services rendus à la légitimité et son ascendant sur l'opinion publique.

Un ministre n'est pas habile et nécessaire, lorsque, Petit-Machiavel, il semble prendre plaisir à briser comme un instrument, en le laissant avilir un malheureux qui, victime de son dévouement aux Bourbons, n'a songé qu'à leur être utile, en servant de marche-pied à son élévation; lorsqu'il a la maladresse de refuser, à cet infortuné, les moyens de prouver qu'il n'est pas son agent, et donne lieu ainsi, à des révélations qui n'auraient jamais vu le jour, s'il eût eu le bon sens de rendre à l'honneur, par une réponse commandée par la vérité et la reconnaissance , ce qu'il doit à l'honneur. Celui qui est ingrat envers le faible , serait , dans un moment de crise ; ingrat envers le fort.

Enfin un ministre n'est pas habile et nécessaire , quand la crainte seule qu'il ne soit réputé tel serre les cœurs , et quand sa promotion à toute autre dignité fera allumer des feux de joie et chanter *vive Henri IV, vive ce Roi,* etc.

Voilà les premières vérités que je publie sans haine et sans crainte, en obéissant à ma conscience et aux spectres de mes parens égorgés pour avoir servi avec le plus noble désintéressement Louis XVI et les princes exilés.

Puisse cette première profession de foi prouver à mes calomniateurs eux-mêmes, que je ne fus jamais l'agent de l'ambitieux ingrat qui m'a refusé les moyens de détruire cette calomnie !

Quoi qu'il en soit , M. *de Villèle* est un grand ministre, je crois... S'il s'était trouvé ministre avant la révolution , et s'il avait mis à faire passer l'impôt territorial, etc. , le grand caractère, le courage même qu'il a mis à soutenir le projet sur les rentes, il eût sauvé la monarchie. Mais ce qu'on peut faire avec succès, *in extremis, sur la fin d'un règne,* lorsqu'il ne s'agit surtout que de lutter, avec l'assentiment général, contre les priviléges, pour le bien de tous, peut avoir d'autres résultats *au commencement d'un règne,* lorsqu'il s'agit, après avoir échoué par sa faute, de lutter contre l'opinion de la cité royale, et contre la misère, pour obtenir *peu de chose,* par un projet qu'on peut croire conçu *ab irato,* tandis qu'il est facile d'obtenir *beaucoup,* en conciliant tous les intérêts, tous les vœux, en faisant chanter *Vive Charles X! Vive Henri IV! mais en faisant fléchir l'orgueil d'opinion.*

Archimède, avec son levier, aurait attiré la terre à lui, s'il eût trouvé un point d'appui. En matière de finances, une disposition qui lie l'intérêt personnel à l'intérêt de tous, est le plus souvent le point d'appui qui fournit à *un Sully* les moyens d'attirer l'or dans la caisse destinée à soulager les contribuables.

Un ministre habile, obligé, dans une circonstance critique, de couvrir un déficit de plusieurs millions, proposa une ordonnance pour un tournoi. Le déficit fut comblé, avec de grands bénéfices.

Des institutions, des établissemens qui offrent à l'artiste, à l'ouvrier, au commerçant, au manufacturier, l'occasion de s'enrichir et d'enrichir l'état par leurs spéculations; la création de ces primes *dont le siècle est si avide* (expressions de M. Pasquier, pair de France), la mesure d'indemnité, et la répression des abus qui paralysent les branches parasites de quelques revenus publics; une réduction sur les traitemens qui ne sera que fictive en la combinant avec la création des primes, qui n'ont rien de commun avec la loterie; la régularisation de 5o ou 6o millions d'extinctions successives, annuelles, et de l'action de la caisse d'amortissement; une sage application de ces adages : *laissez faire, laissez passer; recevez et faites gagner;*

faire dire (*sans loterie*) : *En payant tant, nous gagnerons ou nous avons l'espoir de gagner tant, de faire fortune :*

Tel est l'ensemble de mes moyens de crédit *conciliateurs*, tendant à fermer les plaies de la révolution, réduire les impôts, et récompenser l'armée fidèle, en faisant chanter *Vive Charles X ! Vive Henri IV, vive ce roi*, etc.

Je n'ai point d'ailleurs l'orgueil de ces petits génies qui pensent que leurs projets sont un chef-d'œuvre, et peuvent seuls consolider le grand œuvre de la félicité publique. C'est donc pour rendre ceux que j'ai conçus plus dignes d'être offerts au gouvernement du Roi, que je les soumets au creuset de la censure publique. Je recevrai avec reconnaissance les observations qui me seront adressées ; et mon obstination à repousser tous les amendemens dont mon travail paraîtra susceptible, ne me fera point renoncer aux avantages résultant du principe.

Fils et neveu de magistrats et militaires distingués, qui ont scellé de leur sang leur

dévouement à la dynastie de Saint-Louis (1),
je viens payer mon tribut à la légitimité
avec d'autant plus de confiance, qu'en com-
parant ce que j'ai annoncé en 1821, avec
les réponses de Charles X à MM. les Pairs
et Députés (admis individuellement à lui
offrir leurs hommages et leurs regrets, à
Saint-Cloud, le 17 septembre courant), il

---

(1) M. Desfontaines, mon oncle, officier dans
les gardes du corps, Chevalier de *Saint-Louis*,
compromis, en qualité de payeur de la liste ci-
vile pour Coblentz, par la correspondance sai-
sie dans l'armoire de fer, après le 10 août, fut
traduit à l'Abbaye. Les assassins du 2 septembre
lui dirent : *avoue que tu as agi par ordre du Roi,
et tu es sauvé.* — *Scélérats*, s'écrie le nouveau
d'Assas en découvrant sa poitrine, *accuser mon
Roi ! frappez, vive le Roi !* — Percé de mille
coups, mon oncle tombe à l'instant dans la
mare de sang qui inondait l'arene des assassins.
— Mon père, poursuivi pour avoir secondé
M. Desfontaines son beau frere, montra le même
courage, le même dévouement au milieu de ses
bourreaux révolutionnaires. — J'ai prouvé, en
servant la même cause, que mes parens m'ont
légué leur grand caractere avec le sang qui
coule dans mes veines. Ah ! M. *de Villele* !....
Ah ! M. *de Villele* !...

semble que la Providence m'a permis, il y a trois ans, de lire dans l'avenir, en m'inspirant les grandes pensées que j'ai manifestées dans l'intérêt de la monarchie.

Après avoir prouvé, dans l'opuscule publié en 1821, que la haute sagesse de Louis XVIII, ses vertus publiques et privées, son courage, sa justice, et sa bonté nous ont préservés des abus qui préparèrent la chute des Stuarts; après avoir retracé la mort inattendue de Charles II, et les regrets qu'il inspira, j'ajoutais :
« L'avènement de *Jacques II* au trône
» fut célébré avec enthousiasme par la na-
» tion…Si ses malheurs peuvent offrir des
» règles de conduite à un Souverain qui se-
» rait placé dans la même situation, nous n'a-
» vons pas du moins à redouter une révolu-
» tion semblable à celle dont les Stuarts fu-
» rent victimes… Jamais sujet ne fut plus
» intéressant de tous les princes qui ont
» monté sur le trône d'Angleterre, il n'en
» est aucun dont les premiers pas dans le
» gouvernement ayent plus fixé l'attention
» publique que ceux de Jacques II. Ses

» premières opérations, après la mort de
» son frère, furent dirigées à modérer
» la fermentation qui travaillait l'esprit de
» ses sujets. Ayant assemblé son conseil
» privé, il fit ce discours magnanime par
» les sentimens et simple dans l'expres-
» sion.

» Mylords : avant d'entrer dans au-
» cune autre affaire, j'ai quelque chose
» à vous dire. Puisqu'il a plu au Dieu
» tout-puissant de me mettre dans
» cette place et que je vais succéder à
» un Roi si gracieux et si débonnaire,
» en même temps qu'à un si bon
» frère, il convient que je vous dé-
» clare que je tâcherai *de suivre son*
» *exemple*, et de l'imiter particulière-
» ment *dans sa grande clémence*, et
» dans son grand amour pour son
» peuple. *On m'a fait passer pour un*
» *homme qui aime le pouvoir absolu;*
» mais ce n'est pas la seule calomnie
» qui ait couru sur mon compte; je
» ferai mon possible *pour conserver le*

» *gouvernement tel qu'il est actuelle-*
» *ment établi* par les lois de l'Église et
» dans l'État. Je sais que les principes
» de l'Église gallicane sont favorables
» à la monarchie, et que ses mem-
» bres se sont montrés bons et fidèles
» sujets. C'est pourquoi j'aurai tou-
» jours soin de la défendre et de l'ap-
» puyer. Je sais aussi que les lois
» d'Angleterre suffisent pour élever
» un Roi à toutes les grandeurs que je
» puis désirer, et, *comme je ne me dé-*
» *partirai jamais de mes légitimes droits*
» *et prérogatives de la couronne,* de
» même je n'attenterai jamais à la
» propriété de personne. J'ai souvent
» hasardé ma vie pour la défense de
» cette nation, et j'irai aussi loin que
» tout autre, pour la maintenir dans
» ses droits et libertés... « Ce discours
» populaire (poursuit l'historien qui
» le rapporte) étonna ceux qui comp-
» taient sur le pouvoir absolu, et fut

» suivi d'une action qui les surprit da-
» vantage, etc. » (*V. la Tour d'Ugolin*).

Observations. Tel est l'extrait de l'o-
puscule publié en 1821, et que j'eus l'honneur d'adresser au Roi, Louis XVIII, et à
Monsieur.

Voici la réponse de Charles X, dont
j'ai parlé plus haut, réponse *improvisée*
dictée par le cœur d'Henri IV :

« Mon cœur est trop profondément affec-
» té pour qu'il me soit possible d'exprimer
» les sentimens que j'éprouve ; mais je serais
» indigne de celui qui m'a laissé de si
» grands exemples, si, me livrant trop à
» ma douleur, je ne conservais pas assez
» de force pour remplir les devoirs qui me
» sont imposés ; j'étais frère ; maintenant
» je suis Roi, et ce titre indique à lui seul
» la conduite que je dois tenir.

» J'ai promis, comme sujet, de mainte-
» nir la Charte et les institutions que nous
» devons au Souverain dont le ciel vient de
» nous priver ; aujourd'hui que le droit de
» naissance a fait tomber le pouvoir entre
» mes mains, je l'employerai tout entier à
» consolider pour le bonheur de mon peu-

» ple le grand acte que j'ai promis de main-
» tenir.

» Ma confiance dans mes sujets est en
» tière, et j'ai la ferme conviction que je
» trouverai en eux les mêmes sentimens à
» mon égard: Je dois ajouter, Messieurs,
» que conformément aux intentions du Roi
» que nous pleurons, je convoquerai les
» Chambres à la fin de décembre. »

Observations. La comparaison de ce discours avec celui de *Jacques II*, et mes réflexions publiées en 1821, m'encouragent
à penser que ces réflexions peuvent être
utiles.

Je ne retracerai pas ici, pour éviter des
répétitions, tout ce que j'ai écrit à cet
égard il y a trois ans (voir la Tour d'Ugolin,
pages 77 et suivantes).

Je me bornerai à dire, que j'ai raconté
les erreurs que Jacques II a commises, suivant l'histoire, 1.º en conservant le souve-
nir des injures faites au duc d'Yorck ; 2.º en
suivant cette fausse politique : *Abandon-*
nons nos amis, ils sont incapables de nous
faire du mal ; livrons-nous à nos ennemis,

nous les lierons ainsi à nos intérêts ; 3.º en
introduisant dans son conseil, des hommes
d'état *usés dans l'opinion publique,* et
surtout les caméléons girouettes qui, n'é-
coutant que leur intérêt, n'ont d'autre in-
fluence que celle qu'on veut bien leur donner, et sont le fléau de tous les gouverne-
mens, la pépinière des révolutions ; 4.º en ne
prenant aucune mesure pour suivre la céleste
doctrine qui enseigne aux souverains qu'ils
doivent tout voir de leurs propres yeux, de
peur que s'ils abandonnent leur autorité
entre les mains de ceux qu'ils honorent de
leur confiance, il ne s'en trouve qui en
abusent, pour satisfaire leurs passions et
leurs intérêts aux dépens de la justice et de
la réputation du prince ; 5.º en souscrivant
à des mesures financières qui froissaient les
intérêts d'un grand nombre de ses sujets,
et surtout en n'observant pas la foi jurée
envers les détenteurs des biens confisqués
et vendus comme nationaux, en leur offrant
une indemnité, tandis qu'il aurait dû observer envers eux la foi jurée, et accorder
l'indemnité aux anciens propriétaires, pour

(xix)

faire disparaître la différence des proprié-
tés, qui crée encore, pour ainsi dire, en
Irlande, après deux siècles, deux peuples
sur le même sol.

Après avoir établi que ces fautes avaient
contribué à la chute des Stuarts, j'indi-
quais, en 1821, les mesures que Jacques II
aurait dû prendre pour conserver le trône,
et j'ajoutai :

« Nous n'avons pas à redouter en France
» les dissentions religieuses qui mirent **un**
» prince d'Orange sur le trône de son beau-
» père. Les temps sont changés ; les guerres
» de religion ont cessé ; nous avons un *Duc*
» *de Bordeaux ;* et si des insensés tramaient
» une conspiration semblable à celle ourdie
» contre Jacques II, un prince étranger,
» quel qu'il fût, serait le premier à la dé-
» voiler. Nous sommes tous intéressés à dé-
» fendre, à conserver la légitimité ; un
» changement de dynastie ferait couler des
» flots de sang, et mettrait en péril *les for-*
» *tunes nouvelles* et anciennes. Le Roi a
» éteint le foyer des révolutions, en abolis-
» sant la confiscation, et en posant les bases

» de la réconciliation générale des Fran-
» çais; en consacrant, par la charte rap-
» prochée des antécédens, un principe d'in-
» demnité pour les militaires dotés, victimes
» des hasards de la guerre (1), et pour les
» familles victimes de la devise régicide :
» *Ici on hérite de ceux qu'on assassine.*
» Dès qu'on aura trouvé des moyens de
» crédit pour cicatriser cette grande plaie
» de la patrie, il n'y aura plus de partis en
» France. Une semblable mesure, appuyée
» toutefois d'une conduite plus politique,
» plus ferme, aurait sauvé Jacques II. Après
» une pénible révolution, il ne faut pas ai-
» grir, *froisser* les partis, les consciences ,
» les intérêts ; il faut les concilier. Ajourner
» ce grand œuvre de justice et de politique,
   c'est ajourner la félicité publique. Le mo-
» ment est favorable pour épargner à la
» France les maux qui affligent l'Irlande;
» l'opinion publique est formée : le gouver-

---

(1) Cette indemnité a été accordée depuis cette
époque par une loi, sous le ministère de
M. Roy, qui a cru devoir séparer ce que je voulais unir. Qu'a fait M. *de Villele* ?... Rien.

(*xxi*)

» nement français profitera des leçons de
» l'expérience ». (Qu'a fait M. *de Villèle*
depuis, 1821 ?... Rien ,.... ajourner).

Observations. Ce que j'ai dit en faveur
des détenteurs nationaux , n'est pas sus-
pect ; je suis au nombre des malheureux de
la Tour d'Ugolin, victimes des lois sur la
confiscation. Mais j'ai toujours su , à l'exemple de mes parens , sacrifier mes intérêts à
ceux des fils de *Saint-Louis.* Au surplus ,
les vérités que j'ai proclamées, depuis plusieurs années, sur la mesure d'indemnité ,
avec une persévérance qu'aucun obstacle
n'a pu ralentir (expressions de M. *Ber-*
gasse), n'ont pas été perdues. *S. M.*
Louis XVIII, dans son dernier discours
à la Chambre des Députés , a promis *de*
fermer les dernières plaies de la révolu-
tion, et de réduire les impôts. Charles **X**
tiendra la promesse , et accomplira l'œuvre
de sagesse du *Solomon de la France.*
La *Tour d'Ugolin* va s'écrouler : il n'en
restera pas vestige , dans la session qui
doit s'ouvrir à la fin de décembre 1824.

Ceci me conduit à remplir , en deux

mots, la lacune qui existe à la fin du roman semi-historique, *la Tour d'Ugolin* dont j'avais annoncé la suite en 1821.

Mon héros vendéen, mourant de faim, refusant tous les secours de ses anciens frères francs-maçons, et croisés fidèles, avait perdu la raison...; le pharmacien M. *Probus*, son ami, ne le perdait pas de vue: l'infortuné Vendéen, égaré par le désespoir, n'avait pris qu'un somnifère...; il se réveilla le 23 janvier 1821, dans son ancien hôtel, acheté, pendant son émigration, par son épouse coupable et divorcée. Cette femme repentante, frappée par la main de *Dieu*, rendit, en mourant, à son premier mari tous ses biens; mon héros a, depuis cette époque, consacré sa fortune à soulager la misère des chevaliers de Saint-Louis. Son fils Édouard s'est couvert de gloire en Espagne; enfin mon héros, son fils, et tous les bons francs maçons, croisés fidèles, pleurent la mort d'un bon Roi, et répètent, avec moi, ce cri Français.

Le Roi est mort! Vive le Roi! Le Roi ne meurt jamais en France. Vive Charles X.

(*xxiij*)

Pour servir ce Monarque, mon héros
vendéen et nos frères croisés fidèles, con-
courent, avec moi, à l'ouvrage dont je
vais indiquer l'ordre et la marche.

Chapitre unique, Révélations.

L'ordre de mes idées indiquait ici la
place de mes *révélations* ; mais il me mè-
nerait trop loin et détournerait l'attention des projets qui me paraissent intéres-
ser le Roi, d'une manière plus urgente.

Je ferai donc une brochure particulière
pour mon chapitre unique, en l'appuyant
de preuves plus claires que le jour.

Je vais cependant en offrir une faible
esquisse, pour prouver ma patience et
ma résignation à supporter l'ingratitude de
l'homme puissant qui m'a recompensé de
mes services, en me laissant avilir comme
son agent.

Voici la lettre que j'ai écrite à **M.** de
Villèle, le 13 mai 1824; elle contient un
résumé de tous les faits, dont le silence seul
de **M.** de Villèle, son refus d'y répondre,

prouve l'authenticité ; du reste je suis armé de pièces de conviction.

PLAINTE

A Son Excellence le Ministre des Finances, pour lui seul, par M. DARMAING, ancien magistrat, accusé d'être l'agent secret de M. de Villèle, lorsqu'il est persécuté par la bureaucratie.

MONSEIGNEUR,

LA concordance qu'on a cru trouver entre votre projet de réduction de rentes, et le projet que j'avais soumis *à des croisés fidèles* en 1821, à l'appui de divers moyens de crédit pour prévenir les effets de la hausse au pair, que *j'avais prévue en 1821*, et qui a surpris V. Exc. en 1824 (1). Le refus que j'ai fait de fournir à ce sujet des

---

(1) Mon projet (expliqué à M. de V.) assurait, sans agiot, 30ᵐ (au lieu de 28ᵐ) et donnait, par exemple, au petit rentier, une prime de 10 fr. pour une retenue de 2 fr.

armes pour étouffer votre projet dans son berceau, les renseignemens que je vous ai remis au contraire le 23 avril dernier, et les explications par vous données à la tribune le même jour; enfin, un faisceau de circonstances, arrangées par un hasard malheureux, m'ont placé dans la plus fausse et la plus horrible position.

» D'un côté, après vous avoir donné, en qualité de rédacteur des séances de la Quotidienne et du Drapeau-blanc, des preuves du plus noble dévouement, j'éprouve, sous votre ministère, plus de persécutions que je n'en ai éprouvé pour vous avoir servi;

» Et d'autre part, après avoir joué, dans votre intérêt, le rôle de conciliateur, pour prévenir une funeste scission, je suis accusé, par des croisés fidèles, de les avoir fait servir de marche-pied à votre élévation, en les berçant d'espérances chimériques, pour les trahir; d'avoir voulu, en leur soumettant, en 1823, mon projet de réduction qu'ils trouvent conforme en principe au vôtre, les disposer à soutenir vos vues

financières; de vous avoir fourni des armes,
le 23 avril dernier, pour faire passer votre
projet, et ajourner indéfiniment la loi
d'indemnité que *j'avais fait serment* d'accélérer par mes écrits et mes démarches,
lorsque vous seriez Ministre des Finances;
enfin je suis accusé d'être *votre agent
secret.*

» L'ombre de mon père, égorgé pour avoir
tenu le serment qu'il avait prêté sous l'oriflamme Dieu et le Roi, le serment que j'ai
prêté moi-même sous cet oriflamme sacré,
tout m'impose l'obligation de me justifier,
sous peine d'infamie, et je ne puis y parvenir que par la publicité, ou par une *réponse qui sera digne de vous et de moi,*
si ma lettre n'éprouve pas le sort des pré-
cédentes.

» Je vous prie donc d'attester, par votre
réponse, « 1.º que n'ai jamais formé au-
» près de vous aucune demande, même
» d'emploi; 2.º que vous avez reçu, le 23
» avril dernier, le tableau général de mon
» plan financier, tendant à fermer les plaies
» de la révolution, en réduisant les contri-

(xxvij)

» butions directes de 75 millions environ
» par année, pendant dix ans ; et à l'expi-
» ration de la dixième année, de 205 mil-
» lions annuellement, à perpétuité, toutes
» dépenses d'indemnité et autres payées ;
» 3.° que vous avez renvoyé mon plan au
» comité de commerce et des colonies (ou
» à toute autre commission spéciale que
» vous nommerez), pour m'entendre et vé-
» rifier mes documens ; et que si mes cal-
» culs sont exacts, si l'exécution de mon
» projet est aussi simple, aussi facile que je
» le prétends, vous prendrez les ordres du
» Roi, en soumettant à sa haute sagesse les
» moyens que je propose pour hâter le grand
» œuvre de justice, annoncé dans le discours
» du Trône, à l'ouverture de la session ».

» Je suis convaincu, Monseigneur, d'après
votre équité et votre loyauté, que ma demande sera promptement accueillie.

» Quant aux persécutions inouies que j'é-
prouve pour vous avoir servi, je les prouverai par pièces authentiques qui sont sous
presse, puisque je n'ai pu vous faire connaître la vérité par la voie ordinaire.

» Je me permettrai d'ajouter, dans l'intérêt du Roi et dans votre intérêt, qu'il n'est
pas extraordinaire que vous soyez trompé
lorsque vous avez donné votre confiance à
un homme qui ne peut être royaliste, parce
qu'il aurait joui des plus grands honneurs
sans la restauration , en qualité d'allié d'un
ex-prince *votant* qui, après l'acte d'assassi-
nat de Louis XVI, monta à la tribune pour
demander que l'arrêt fût exécuté sur-le-
champ , et qu'on prît des mesures pour
assurer cette brusque exécution. La motion,
adoptée avec urgence, ranime la fureur des
tigres en leur faisant entrevoir les dangers
d'un délai. La demande du Roi d'un délai
de trois jours, est repoussée avec vociféra-
tions ; les projets formés pour le sauver
sont déconcertés ; et un roulement de tam-
bour étouffe la voix de la royale victime.

» Voilà les résultats de la motion du votant,
à qui s'est allié un homme investi de la
confiance de M. de Villèle, et qui me fait
punir par M. de Villèle des services que j'ai
rendus à M. de Villèle.

« C'est ce que je prouverai par mon écrit

sous presse , puisque l'allié du votant a abusé de la confiance de M. de Villèle, pour soustraire mes plaintes à la justice de monseigneur le Ministre des Finances, ou le tromper par des rapports inexacts.

» J'attends votre réponse avec impatience, Monseigneur, parce que dans le temps vous m'écrivîtes pour me prier de croire que si vous n'aviez pas répondu à une de mes lettres, c'était un oubli involontaire. Et puisque, lors même que vous n'étiez pas encore Ministre, et que j'étais toujours à même de vous être utile , vous avez eu la noble franchise de réparer cet oubli involontaire, les croisés fidèles jugeront que si lorsque vous êtes parvenu au faîte où, de concert avec ces croisés fidèles, j'ai voulu vous voir placé, toutes mes lettres restent sans réponse, alors même que je dois me justifier de l'imputation d'être votre agent secret, ce n'est point parce que vous êtes injuste, ingrat envers l'instrument à qui vous avez écrit pour le prier d'excuser un oubli involontaire, lorsqu'il pouvait cesser de vous servir, mais parce que toutes mes lettres sont mises sous le boisseau, par la bureaucratie contre laquelle vous vous êtes prononcé en qualité de député.

» Monseigneur, je ne veux de vous que justice; mais je mettrai à éclairer votre religion et à défendre ma fortune, mon honneur, le courage que j'ai mis à défendre l'oriflamme, Dieu et le Roi, et le côté droit ».

J'ai l'honneur d'être, etc.

« *Note importante*. J'ai oublié de dire, 1.º que s'il y a analogie parfaite entre le principe et les expressions du projet de réduction communiqué par moi en 1823, aux croisés fidèles, et le principe et les expressions de l'exposé du projet de réduction soumis aux Chambres, il y a une grande différence quant au mode d'exécution. »

« 2.º Qu'au surplus mon projet n'était que celui présenté à Louis XVI en 1787, et qui fut repoussé; que par les mêmes motifs, les croisés fidèles le rayèrent de mes moyens de crédit, malgré mes *modifications favorables aux petits rentiers.* »

3.º Que des financiers distingués, au nombre desquels figure un honorable pair, attesteront qu'en 1821 je leur ai soumis mon plan financier (auquel M. Bergasse se réfère dans son livre), pour prévenir les effets de la hausse au pair que je démontrais inévitable, et pour y remédier en fermant les plaies de la révolution par des voies et moyens qui réduisaient les impôts ainsi que je l'ai dit ci-dessus à Votre Exc. »

Observations. L'injustice dont je me plaignais par cette lettre a été consommée; trahi, frustré *du droit de défense*, je suis forcé, dans une affaire fiscale et judiciaire, où j'ai été appelé comme tiers saisi en 1818, à me pourvoir devant la Cour royale de Paris, afin d'obtenir, pour violation de la foi jurée, des dommages intérêts contre l'agent de M. le ministre des finances.

Telles sont les suites funestes du refus de M. de Villèle de m'accorder l'attestation par moi réclamée, que le 2 septembre courant, dans une lettre que je suis forcé d'envoyer à qui de droit, on ose me qualifier de *mouchard* (de M. de Villèle)...; et M. de *Villèle* me laisse ruiner et avilir ! Que chacun se mette à ma place, et qu'il

se demande s'il aurait été aussi patient que
moi... Celui qui est ingrat envers le *faible*,
serait, dans un moment de crise, ingrat
envers le *fort*.

En voilà assez pour justifier la publicité
que je donne à mes justes doléances.

Je vais m'occuper uniquement des intérêts du Roi, en reprenant l'ordre de mon
travail ; il sera divisé en trois parties.

La *première partie* sera consacrée au
projet tendant à régulariser le droit de
pétition, et à concilier toutes les opinions
pour et contre la liberté de la presse et la
censure.

La *seconde partie* embrassera la proposition, garantie par des cautions, pour récompenser l'armée.

Et *la troisième*, les moyens de crédit
pour fermer les plaies de la révolution et
réduire les impôts.

Ces moyens de crédit seront précédés
de l'examen impartial de l'administration
financière de M. de Villèle.

PREMIÈRE PARTIE.

« Projet pour célébrer l'avènement de
» Charles X au trône, par la régularisa-
» tion du droit de pétition au Souverain ;
» *et la conciliation de toutes les opi-*
» *nions, pour et contre la liberté illi-*
» *mitée de la presse et la censure.* »

Sommaire des motifs. Des royalistes
éprouvés pensent que, dans l'intérêt de la
monarchie, *Charles* X devrait signaler son
avènement au *trône*, en rétablissant la liberté illimitée de la presse, en supprimant
la censure ; d'autres royalistes éprouvés,
mus par les mêmes sentimens, sont d'un
avis contraire.

Victime d'abus crians, de persécutions
inouïes, je serais intéressé à la suppression
de la censure ; si elle est conservée, cet
écrit ne pourra pas même, sans doute,
être annoncé dans les journaux ; mais plus
qu'un autre, j'ai été à portée de calculer
les dangers de la licence de la presse ;
cette licence, je m'en suis convaincu, est

inséparable de la liberté illimitée ; aucune loi répressive ne peut remédier aux effets du poison recélé dans certains articles. Je connais aussi les abus de la censure ; et s'il était impossible de trouver un *mezzo-termine*, entre les deux extrêmes, je voterais contre mon intérêt personnel ; pour le Roi, entre deux maux je choisirais le moindre : *la censure.*

Mais je pense qu'il est facile de concilier, à cet égard, toutes les opinions, tous les intérêts ; de prévenir à la fois les dangers de la licence de la presse, et les abus de la censure ; de recueillir les avantages qu'on attache d'une part à cette censure, et de l'autre, à la liberté de la presse ;

Tel est le but du projet que j'ai conçu déjà en 1814. Il consiste, 1.º à régulariser le droit de pétition au Souverain, en créant, auprès du trône, un comité indépendant ;

2.º A modifier la censure, en introduisant dans l'ordonnance qui l'amendera, et dans la loi qui interviendra, un article portant (sauf rédaction).

« Sont exceptés de la censure , (relative
» aux journaux), les articles concernant les
» abus de pouvoir et les injustices, pourvu
» qu'on se borne à citer des faits et les preu-
» ves, sauf le recours au comité indépen-
» dant des pétitions créé auprès du trône,
» et à la commission établie, pendant la
» durée de la session des Chambres, en
» vertu de l'article 53 de la Charte. »

« Les propriétaires des journaux seront
» tenus, sauf la rétribution de droit, d'y
» insérer les articles relatifs aux abus de
» pouvoir et injustices, excepté de la cen-
» sure. »

Je vais développer ce projet, en faisant
connaître d'abord la proposition que j'avais
concertée en 1814, dans l'intérêt du Roi,
avec M. le *Marquis de Fourquevaux*, député, et dont l'homme de l'Ile d'Elbe
s'empressa de s'emparer dans son intérêt.
Je citerai à ce sujet les instructions curieu-
ses données le 11 avril 1815, à son comité
de pétitions.

————————

EXTRAIT

DU JOURNAL ROYAL (*éteint en 1815,*
pendant l'interrègne.)

Développement de la proposition de M. le
Marquis de Fourquevaux, député, sur
le droit de pétition.

M. le Marquis de Fourquevaux développe
la proposition de loi (relative au droit de
pétition) qu'il a présentée dans la séance
du 15 décembre courant. (1814).

M. le Marquis de Fourquevaux a prouvé
qu'il était digne descendant du célèbre
Beccaria, en défendant la cause des émigrés, et notamment en s'opposant à l'article de la commission, qui interdisait, à
ceux dont les biens ont été vendus, tout
espoir d'indemnité, et en proposant une
disposition contraire. Son opinion a pré-
valu après avoir passé par le creuset de la
discussion. La Chambre des Députés rejeta
à l'unanimité l'article amendé, portant ;

que dans aucun temps il ne serait accordé
une indemnité pour biens de famille confisqués et vendus comme nationaux ; dans
la Chambre des Pairs, les nobles pensées de M. le Marquis de Fourquevaux, sur
un système d'indemnité, n'ont pas été en
vain proclamées. Les journaux ont retenti
de la proposition faite à cet égard par un
guerrier qui a moissonné dans les champs
de la gloire (M. le maréchal Macdonald).

M. le Marquis de Fourquevaux, par sa
nouvelle proposition, appuyée sur les principes adoptés par Charlemagne et Saint-
Louis, a prouvé que l'auguste Maison des
Bourbons a constamment acquis des droits
à l'amour des Français.

Messieurs, a dit l'orateur, le droit de
pétition est aussi précieux pour le Souverain que pour le peuple. C'est par le droit
de pétition que le souverain peut suivre
cette doctrine : « les Rois établis pour régner par la justice doivent porter eux-
mêmes le poids de leur couronne, voir tout
de leurs propres yeux, de peur que, s'ils
abandonnent leur autorité entre les mains

de ceux qu'ils honorent de leur confiance,
il ne s'en trouve qui en abusent pour satisfaire leurs passions et leurs intérêts aux
dépens de la justice et de la réputation du
prince. »

: Cette sublime doctrine a été religieuse-
ment observée par tous les grands Rois, et
surtout par *Charlemagne*, par *Saint-Louis*,
et par *Henri* iv. Charlemagne créa des
missi dominici chargés de parcourir ses
provinces pour lui fournir, en recueillant
toutes les plaintes et les réclamations, les
moyens de connaître la vérité, de réparer
tous les torts, tous les griefs, et d'assurer
le bonheur de son peuple.

L'abolition de ces *missi dominici*, sous
les faibles successeurs de Charlemagne, eut
les suites les plus funestes. Saint - Louis
s'empressa de les rétablir sous de nouvelles
formes. Les mêmes principes furent adoptés par Henri-le-Grand.

On considère encore avec attendrisse-
ment le Champ de Mars et le bois de Vin-
cennes, où Charlemagne et Saint-Louis
rendaient eux-mêmes la justice. Les mo-

numens érigés dans le cœur des peuples sont plus durables que ceux dressés par leurs mains. L'Hôtel-Dieu d'une ville de France (Pontoise) rappelle chaque jour aux Français la mémoire chérie de *Saint-Louis le Juste*. Personne n'ignore le fait et le jugement qui ont donné lieu à cet établissement de bienfaisance. Le plus grand seigneur de France s'était rendu coupable d'un acte arbitraire envers de malheureux charbonniers. Le droit de pétition fournit aux familles de ces malheureux les moyens de surmonter sans peine la barrière qui les sépare du trône ; le coupable, mandé par *Saint-Louis*, est condamné à 10,000 parisis (225,000 fr. monnoie actuelle), qui ont servi à bâtir l'Hôtel-Dieu dont j'ai parlé et qui subsiste encore. L'historien de *Saint Louis*, qui rapporte cet acte de justice, ajoute : « Quand les grands et le peuple connurent le grand sens et la bonne justice du Roi, il n'y en eut aucun qui osât aller contre ses commandemens et qui ne l'aimât. »

Aussi *Saint-Louis*, en mourant, recommanda à son fils de *faire par-dessus tout bonne et prompte justice aux pauvres comme aux riches, sans acception des personnes, quels que soient leur rang et leur emploi; car bonne justice est celle par qui les Rois règnent.*

Blanche de Castille avait semé dans le cœur de son fils ces principes qui constituent l'essence des empires et la sureté des dynasties. Elle eut, elle-même, l'occasion de les mettre en pratique pendant sa régence, dans l'affaire des paysans de *Chatenai.* Ces paysans, jetés dans les prisons par ordre d'un Chapitre, invoquent l'autorité de leur souveraine; et grâce au droit de pétition, ils parviennent aisément à lui faire connaître la vérité. *Blanche, régente,* mande au Chapitre de réparer l'injustice qu'il a commise.

Le Chapitre résiste; il ose répondre : *nous sommes souverains;* le Roi lui-même ne peut porter atteinte à nos priviléges.

Blanche indignée n'écoute que son cœur, se transporte aux lieux où l'arbitraire retenait captifs les infortunés qui avaient réclamé

son appui ; donne elle-même , avec son bâ-
ton royal, le premier coup sur la porte de
la prison, et acquiert de nouveaux droits à
l'amour de son peuple et à l'estime de la
postérité, en prouvant d'une manière écla-
tante que rien ne peut limiter l'autorité
royale, lorsqu'il s'agit de suivre ce précepte
divin :

« Le premier devoir des souverains est
» de régner par la justice. La justice est
» une dette qu'ils doivent payer à leurs su-
» jets, sans acception des personnes, quels
» que soient leur rang et leur emploi. » (1).

Enfin, c'est par le droit de pétition, c'est
en prenant des mesures efficaces pour qu'aucun abus ne pût être commis impunément,
pour qu'aucun obstacle ne pût interrompre
la libre communication qui doit exister entre le monarque et ses sujets, que *Charlemagne*, *Saint-Louis*, *Henri* IV et leurs

---

(1) Une gravure a transmis à la postérité l'acte
de justice de *Blanche de Castille*; cette gravure,
mise en vente pendant que le chef du dernier
gouvernement avait confié la Régence à son
épouse fut de suite enlevée.

fils ont à jamais gravé leurs noms dans le cœur des Français.

Ces maximes ont déterminé les dispositions de l'art. 53 de la Charte, relatives au droit de pétition ; par les attributions que ces dispositions confèrent aux deux Chambres, *Louis le Desiré* leur a donné un témoignage éclatant de sa confiance, et à son peuple un témoignage aussi éclatant de son amour.

Mais déjà on a proclamé à cette tribune la nécessité de fixer l'étendue et les bornes du droit précieux garanti par la charte ; je n'ai pas besoin, Messieurs, de remettre sous vos yeux tout ce qui a été dit à cet égard ; il est des vérités qui n'ont pas besoin d'être démontrées. Les diverses opinions, prononcées sur ce sujet important, sont l'objet des profondes méditations de chacun de nous.

Concilier ces opinions, prévoir le cas où la clôture de la session des deux Chambres rendra sans effet pour le souverain et son peuple les dispositions de l'article 53 de la charte ;

Fournir au souverain et à ses ministres les moyens de connaître toute la vérité, de voir tout de leurs propres yeux, de sapper les fondemens de la *bureaucratie,* fille gâtée de la révolution ; de faire promptement droit aux plaintes et réclamations relatives aux militaires, à la perception des impôts et à l'amélioration de leur régime, à toutes celles qui seront renvoyées par les Chambres, et de donner, en un mot, aux Français, une garantie contre les abus de pouvoir, plus efficace que la liberté illimitée de la presse ; tel est le but de la proposition de loi que je viens soumettre à votre délibération.

Sans doute, Messieurs, grâce à la sagesse qui préside à la composition du ministère et des autorités, des dispositions tendant à prévenir les abus de pouvoir seront d'une si rare application, qu'on peut presque les considérer comme inutiles. Mais la loi doit prévoir ce qui arrive rarement comme ce qui arrive toujours :

La plus grande partie des édifices ne sont jamais frappés par la foudre ; les paratonnerres sont le plus souvent inutiles : faudrait-il pour cela renoncer à leur usage ?

Le meilleur moyen de rendre les abus impossibles, est de poser des règles pour les prévenir. Celles que je viens vous proposer produiront, j'ose le croire, d'autant plus d'effet, qu'elles auront été posées dans un temps calme, et sous le règne d'un monarque qui, à l'exemple de *Saint-Louis* et d'*Henri IV*, ne veut régner que par la justice et assurer le bonheur de son peuple.

Je suis loin, du reste, d'avoir la prétention de vous présenter un travail parfait. Je pense, au contraire, que ce travail a besoin d'être revu et corrigé. Si l'idée première que je viens vous soumettre, peut, après avoir passé par le creuset de la discussion de vos bureaux, conduire au but que je me propose, j'aurai recueilli le fruit de mes soins.

Voici ma proposition.

'SA MAJESTÉ sera humblement suppliée de présenter, en forme de loi, le projet de réglement suivant :

Projet de Règlement relatif au droit de Pétition.

Louis, par la grâce de Dieu, roi de France, etc.

Considérant que le meilleur moyen de prévenir les abus, est de prendre des mesures, à l'exemple de *Saint-Louis,* pour faire bonne et prompte justice aux pauvres comme aux riches, sans acception des personnes, quels que soient leur rang et leur emploi; pour que le Souverain et ses ministres puissent tout voir de leurs propres yeux; pour qu'aucun obstacle ne puisse interrompre la libre communication qui doit exister entre le Monarque et ses sujets;

Considérant que le droit de pétition régularisé doit assurer ces avantages.

Voulant, en conséquence, faire jouir nos sujets, dans toute sa plénitude, de ce droit précieux garanti par les dispositions de l'article 53 de la charte; étendre ces dispositions hors du temps de la session des deux Chambres, en leur donnant une nouvelle preuve de notre confiance, et à notre peuple une garantie contre les abus du pouvoir, plus efficace que la liberté illimitée de la presse ;

A ces causes, nous avons ordonné et ordonnons ce qui suit :

ART. 1er. Un comité, composé d'un ministre d'État, président, nommé par le Roi, de six membres de la chambre des pairs, et de six membres de la chambre des députés, sera spécialement chargé de recevoir, vérifier et nous faire connaître les plaintes et réclamations qui nous seront adressées ou renvoyées par les deux chambres.

2. Les membres de ces chambres, désignés dans l'article précédent, seront nommés par nous sur une liste triple de présentation, faite par leurs chambres respectives.

3. Ils seront renouvelés tous les deux mois.

4. Ceux qui seront en exercice à l'expiration de la session continueront leurs fonctions jusqu'à la session suivante.

5. Le comité travaillera directement avec nous en conseil privé.

6. Il y aura auprès du comité un secrétaire général spécialement chargé :

1.º De faire enregistrer les pétitions et d'en accuser réception sur-le-champ ;

2.º De tenir un registre particulier de celles qui nous seront renvoyées par les chambres, et de celles relatives aux subsistances, aux militaires, *au commerce*, à la perception des impôts et à l'amélioration de leur régime.

Le comité, en nous faisant connaître ces pétitions, fixera notre attention sur les pétitionnaires qui se distingueront par des vues utiles et leur attachement à notre personne.

7. Les membres de ce comité et le secrétaire-général prêteront serment entre nos mains ; ils ajouteront à la formule ordinaire :

Nous jurons de remplir nos fonctions, sans acception des personnes, quels que soient leur rang et leur emploi.

MESSIEURS,

Cette proposition intéresse le Roi ; les ministres, les militaires, le commerce, les

contribuables, toutes les classes de citoyens.
De pareils intérêts ne peuvent être *ajour-
nés*. Ma démarche a été profondément mé-
ditée. Et si, en l'ajournant ou refusant de
la prendre en considération et de la soumettre à l'examen des bureaux, de justes plaintes et réclamations devenaient sans effet, ce
n'est pas moi qui en serai responsable aux
yeux du souverain et des départemens.

Observations. Le principe de cette proposition réunit l'assentiment général ; elle
fut aceueillie avec transport par l'opinion
publique ; mais on reconnut que le projet
de réglement proposé ne pouvait faire la
matière que d'une ordonnance royale : ce
projet ne fut donc pas appuyé, par respect
pour les prérogatives de la couronne ; on
touchait d'ailleurs au moment où la session
devait être prorogée. M. le marquis de
Fourquevaux avait eu essentiellement pour
objet de frapper l'attention des ministres
sur les moyens de prévenir un funeste évé-
nement. Les Ministres, quelques jours après
le développement de la proposition de M. le
marquis de Fourquevaux, portèrent aux

Chambres l'ordonnance de prorogation de la session.... Le 20 mars arriva.... L'homme de l'île d'Elbe s'empressa de s'emparer, dans son intérêt, du projet que j'avais préparé, de concert avec M. le marquis de Fourquevaux, dans l'intérêt de la monarchie légitime. Buonaparte crut y trouver un moyen de se populariser, et de se mettre à l'abri de la trahison. Il dit même (au palais des Tuileries) : *Si ce projet avait été adopté, je ne serais pas ici.*

Quoi qu'il en soit, la comparaison de la pièce suivante avec la proposition dont nous avons donné le texte, démontrera que Buonaparte a attribué quelqu'importance à cette proposition.

EXTRAIT

Des minutes de la Secrétairerie d'État au Palais des Tuileries, le 11 avril 1815.

INSTRUCTION POUR LE TRAVAIL DES PÉTITIONS.

N...., etc.

Les secrétaires du cabinet feront, chaque jour, le dépouillement des pétitions adressées à N.....; ils verront celles qu'il peut accorder, et les présenteront à N....., divisées en quatre classes, et analysées sur quatre feuilles différentes.

La première comprendra les pétitions des militaires demandant de l'activité, de l'avancement, des décorations.

Sur la deuxième feuille, on portera les demandes des familles des militaires, savoir : les demandés des places à Écouen ou dans les lycées, les demandes des pensions pour les veuves, les demandes de secours pour les femmes et les enfans.

- La troisième feuille recevra les demandes de places dans le civil, dans les finances, et autres grâces de cette espèce.

Enfin, la quatrième feuille présentera l'analyse des affaires contentieuses, et toutes les réclamations contre des décisions des ministres, ou contre des injustices.

'L'analyse sera faite de manière que N... puisse saisir facilement la question.

Les pétitions qui n'auront pu être comprises dans ce premier travail, seront envoyées, par les secrétaires du cabinet, à la commission des pétitions.

La commission fera le renvoi au ministre compétent, de toutes les demandes qui lui paraîtront susceptibles d'être examinées ; elle préviendra de ce renvoi les parties intéressées, en leur indiquant le bureau auquel elles doivent s'adresser pour avoir une réponse définitive.

La commission appellera particulièrement l'attention des ministres sur les demandes qui lui paraîtront plus urgentes ou plus intéressantes.

La commission poursuivra d'office, dans les bureaux des ministres, l'examen des petitions présentées par des veuves, par des orphelins, par des militaires retenus sous les drapeaux ; elle déléguera, à cet effet, un auditeur auprès de chaque ministre.

Signé N.....

OBSERVATION GÉNÉRALE.

Cette mesure ne peut convenir aujourd'hui. Celle proposée en 1814, par M. le marquis de Fourquevaux avait paru susceptible d'amendemens (1).

____

(1) J'ai adressé à ce sujet un projet amendé à

(20)

Mais le principe est incontestable; il suffit
d'appuyer la main sur son cœur pour ap-
précier les avantages immenses que l'application de ce principe doit procurer *au Roi,*

M. de Villèle, lorsqu'il accepta le titre de Ministre
d'État sans porte feuille et parut vouloir s'acco-
-ler à l'ordonnance du 5 septembre. Mes motifs,
ma lettre à M. de Villèle pour le déterminer à
se prononcer, mes titres pour lui écrire cette let—
tre ; son silence, ma seconde lettre *franche ;*
l'empressement de mon héros politique et financier, à me répondre, sa réponse curieuse, ses
motifs *in petto* pour garder ma propriété, n'en
faire aucune usage, et me faire espérer le con—
traire, sa conduite et ses écrits caressans avant
qu'il fût Ministre, et sa conduite inouïe depuis
qu'il a obtenu le cher porte-feuille, tous ces
faits, circonstances, appartenances et dépen-
dances formeront un des paragraphes les plus
curieux de *mes révélations,* et me conduiront a
démontrer les avantages de mon projet (tendant à régulariser le droit de pétition, et a remédier aux abus de la censure, en même temps
qu'aux dangers de la licence de la presse, par
une disposition conciliatrice) en appliquant ce
projet a quelques faits, gestes et abus, *inédits,*
de l'administration de M. de Villèle. (1)

à ses ministres et à son peuple. Comment, régulariser le droit de pétition au souverain, en créant, auprès du trône, un comité indépendant? C'est le nœud gordien de la difficulté. J'ai cherché les moyens de le dénouer dans les actes de *Charlemagne, de Saint-Louis, d'Henri IV, de Louis XVIII,* et dans l'un des premiers actes de la sage politique de *Charles X., Charlemagne, Saint-Louis* et *Henri IV* ne confièrent qu'aux sujets les plus recommandables et qui offraient le plus de garanties, les fonctions de *missi dominici,* ou envoyés du prince, chargés de recueillir les plaintes et les réclamations, et de faire parvenir la vérité aux pieds du trône. — M. *le marquis de Fourquevaux* a prouvé que la céleste doctrine qui a dicté les institutions de ces monarques, a présidé à l'article 53 de la charte, sur le droit de pétition; ni cet article, ni aucune disposition de la charte ne s'opposent à ce que les membres de la Chambre des Pairs et de la Chambre des Députés soient individuellement investis de la confiance du souverain ,

et appelés à son conseil en qualité de membres de son comité indépendant des pétitions, ou à tout autre titre.

Le mode proposé *par M. le marquis de
Fourquevaux* peut encore être justifié, en
le rapprochant du mode adopté pour la composition de la commission *indépendante* de
surveillance de la caisse d'amortissement
et des dépôts et consignations. Les membres
de cette commission, pris dans le sein des
Chambres, sont nommés par le Roi, sur
une liste de candidats formée en scrutin secret. Cette sage disposition, en garantis-
sant *l'indépendance* de la commission de
surveillance, a assuré la prospérité de la
caisse d'épargnes. L'institution livrée à la
bureaucratie, aurait porté avec elle le germe
de sa destruction; la bureaucratie l'aurait
étouffée dans son berceau. Le projet développé *par M. le marquis de Fourquevaux*
en 1814, est donc légal, constitutionnel
au fonds; il ne péchait que par la forme,
en ce que ses dispositions ne peuvent faire
la matière que d'une ordonnance, ainsi
qu'on l'a reconnu en 1814.

La caisse d'amortissement ne pouvait être organisée qu'en vertu d'une loi; mais le Roi seul a le droit d'organiser son conseil et son comité de pétitions; et si S. M. croit devoir donner aux Chambres un témoignage éclatant de sa confiance, en appelant individuellement à son comité de pétitions, des membres de la Chambre des Pairs et des Députés, S. M. n'est pas évidemment astreinte, par la charte, à demander une autorisation législative. Cette autorisation pourrait-elle devenir nécessaire, dans le cas où le souverain, pour donner aux Chambres un témoignage plus éclatant de sa confiance, désirerait fixer son choix sur les candidats qui lui seront présentés pendant les sessions? Cette circonstance ne peut changer la nature des prérogatives royales; la raison seule décide la question.

D'après la proposition de M. *le marquis de Fourquevaux*, le comité des pétitions serait *composé* de six membres de la Chambre des Pairs et de la Chambre des Députés, nommés par le Roi, sur la liste des candidats formée dans le sein des Chambres au scrutin secret, et *renouvelée* tous les deux mois ; ceux qui seraient en exercice à l'expiration de la session, continueraient leurs fonctions jusqu'à la session suivante.

Cette dernière disposition n'est pas inconstitutionnelle. MM. les Pairs et Députés investis de la confiance du Roi, appelés à son conseil, ou à son comité de pétitions, n'exerceront point, en cette qualité, les fonctions de législateurs.

Par qui sera présidé le comité ? Il est facile de résoudre cette question, en considérant combien il est important d'honorer l'institution destinée à soutenir l'éclat du Trône.

Charlemagne voulant apprendre au *Dauphin* l'art de régner en faisant le bonheur de ses sujets, lui confia le gouvernement d'*Austrasie*. C'est à cet acte de la profonde politique du *grand Charlemagne*, que *Louis le Débonnaire* dut cette popularité qui le fit triompher de ses ennemis lorsqu'il prit le sceptre, et l'aurait assis sur un trône

inébranlable, sans, les causes extraordi-
naires qu'il est inutile de retracer ici. — ,
Louis XVIII a *semé* dans les départemens
la concorde et *la paix*, en confiant une
mission, dans les départemens, à l'un de
ses enfans, *à ce héros* qui, avec la rapidité
de la flèche, a tranché la dernière tête de
l'hydre des révolutions, délivré un roi cap-
tif, donné la paix au monde, et justifié
cette maxime : *La gloire et la légitimité
reconcilient ceux que les révolutions divi-
sent; tous les sentimens s'épurent, se con-
fondent sous l'oriflamme,* Dieu et le Roi;
Honneur et Patrie (1).

___

(1) Je prouverai dans un paragraphe de ma
prochaine livraison, intitulée : *mes Révélations*,
ou *toute la vérité* sur M. *de Villèle*, comment a
échoué, pendant la glorieuse expédition dont
M. *de Villèle* n'avait pas calculé les glorieux résultats, une proposition garantie par des cautions, tendant à livrer au ministre de la guerre
un château royal et *six mille arpens en valeur*
pour récompenser l'armée, et *au ministre des*
finances, 4 *millions par an*, *pour les contribua-*
bles, moyennant un bail de biens perdus, célés,
que M. *de Villèle* avait considéré comme onéreux

Charles X vient d'honorer l'armée en appelant ce héros dans son conseil ; l'armée et le peuple ont déja désigné le *Président né* d'une institution consacrée à assurer le bonheur du peuple et de l'armée, en faisant à tous *cette bonne et prompte justice par qui les rois règnent* (Doctrine de *Saint-Louis*). Le *Dauphin de France* ouvrira la voie de *cette bonne et prompte justice* au fils de son frère, à cet *Henri-Dieudonné* dont les premiers attributs, les premiers devoirs seront de recevoir, par la volonté du Roi son aïeul, sous les ordres du *Dauphin* son oncle, les plaintes et les réclamations des malheureux, des opprimés.

Je ne me permettrai pas de consigner ici le texte de mon projet amendé, et combiné

---

pour l'état, en refusant la remise *graduite* de ces liens. Je prouverai que cette proposition garantie par des cautions, a échoué à l'époque ou elle pouvait faciliter, accélérer le triomphe *du Héros du Midi*, et fournir à M. le *Maréchal Duc de Bellune*, un *nouveau moyen d'illustrer le ministère de la guerre.*

avec la disposition (que j'ai citée plus haut), ayant pour objet de modifier la censure pour concilier toutes les opinions, tous les intérêts, pour prévenir à la fois les abus de la censure que je crois indispensable dans ce moment, et les dangers de la licence, qui me paraissent inséparables de la liberté illimitée de la presse.

Si les idées que j'ai émises dans l'intérêt du Roi sont jugées utiles, je me ferai un devoir de remettre, sur la première demande qui m'en sera faite au nom de S. M., l'exposé des motifs, le préambule, et les articles du projet que m'a inspiré mon dévouement à la légitimité, ensemble tous les modèles relatifs à l'organisation d'une institution destinée à célébrer l'avènement de Charles X au trône, en satisfaisant au vœu de tous les Français.

Je répète que je ne demande ni places ni faveurs ; que je n'ai d'autre ambition que d'honorer la mémoire de mes parens qui ont scellé de leur sang leur dévouement à la légitimité, et d'accélérer l'époque où le payement de l'indemnité qui m'est due pour biens confisqués et vendus, me permettra de terminer mes jours loin du fracas du monde, d'une manière honorable et tranquille.

DARMAING.

Nota. Les autres parties sont sous presse ainsi que le chapitre détaché, intitulé *révélations* ou toute la vérité *sur M. de Villèle.* J'ai déjà soulevé un coin du voile; je vais le soulever davantage, en citant ici des anecdotes piquantes.

PREMIÈRE ANECDOTE.

Cette anecdote me procurera l'occasion de faire connaître l'ensemble des projets que je publierai incessamment, et de démontrer la nécessité de celui compris dans la première partie.

« Voulant éprouver, il y a deux mois, deux *Sinons* ou *caméléons* qui se proclamaient anti-officiels, à quatre *karats*, en arborant l'oriflamme *du silence puni*, je lus à l'un et j'ai envoyé à l'autre, par extrait, pour insertion, un *prospectus* portant le même titre que l'opuscule que je publie, (le *Conciliateur* ou moyens de crédit, etc.) »

Le premier *caméléon l'épela* en criant *bravo ;* VIVE *l'oriflamme du silence puni* ! quant à l'autre *caméléon*, je ne sais s'il sait *épeler.* — Qu'est-il arrivé ? On le devine en partie. Le dernier *caméléon* a gardé ma propriété, sans insérer l'extrait que je lui avais adressé, et sans me le restituer ; mais ce qu'on ne devinerait point, (parce que l'ouvrage dont je vais parler ne se trouve que dans les boutiques de l'épicerie ou de la pharmacie), c'est que, sous *mon titre,* on s'est hâté de publier une réponse *anticipée* à mon opuscule, annoncé par mon prospectus dont la publication s'est trouvée retardée. Qui a *révélé* ce prospectus ? Je ne sais. Qui a été pris dans ses filets ? Ce n'est ni moi, ni les épiciers et pharmaciens qui ont fait emplette de la *réponse anticipée,* contenant le panégyrique de l'administration de M. de Villèle que j'avais annoncé par mon prospectus devoir *passer au creuset* d'un examen impartial ; ce que je ferai avec plus de connaissance de cause, d'après le panégyriste qui s'est pénétré de la *fable de l'ours ami de l'homme.*

Il suit de ces faits qu'en remédiant, par un projet conciliateur, aux abus de la censure et aux dangers de la licence de la presse, il serait nécessaire de remédier aussi aux abus de corruption dont on a pu calculer les funestes effets depuis quelque temps ; et, en conséquence, d'ajouter aux dispositions que j'ai présentées plus haut, un amendement portant, que les journaux seront tenus, moyennant la rétribution dont les bases sont posées dans les lois en vigueur, d'insérer les articles relatifs aux abus de pouvoir, et en seront exceptés de la censure.

La lecture du prospectus que je voulais publier, et des observations dont il est susceptible, donnera plus de sel à ma première anecdote, et un avant-goût des écrits qui sont sous presse.

SOUSCRIPTION.

pour 5 francs chez l'Auteur).

M. *Darmaing,* auteur du plan financier *d'indemnité,* auquel M. *Bergasse* se refère dans son livre : *Essai sur la propriété,*

publiera incessamment ce plan, revu, corrigé, augmenté, sous le titre suivant.

LE CONCILIATEUR *ou* MOYEN DE CRÉDIT.

(Remis à Monseigneur le comte de Villèle
en 1824, avant les explications données
par S. E. aux Chambres, sur le même
sujet.)

» *Pour fermer les dernières plaies de la*
révolution et soulager les contribuables,
en conciliant tous les intérêts et les diverses
opinions émises sur la caisse d'amortissement, sur la réduction des dépenses, sans
nuire aux employés en exercice, sur l'impôt du sel et autres chapitres du budget ;
ce faisant : 1°. remédier aux abus *connus*
et *inconnus ;* 2°. augmenter les produits
des droits sur le sel, en faisant droit aux
réclamations adressées aux Chambres dans
l'intérêt de l'agriculture, du consommateur
et des propriétaires des salines ; 3.° réduire
les contributions directes de plus de 450
millions pendant 10 ans, à raison de plus
de 45 millions par année ; et à l'expiration
de la dixième année, de 175 millions au

moins annuellement à perpétuité, *toutes dépenses d'indemnité payées en capital et intérêts.* » (1).

____

(1) Indépendamment de ces avantages il y aura, pendant 10 ans, un fonds de réserve qui fournira l'occasion de gagner 40 mille primes au moins par an, dont 3300 environ par mois, depuis 50 fr. jusqu'à un million, à 40 mille personnes, dont 26000 environ acquerront une grande aisance ou feront fortune moyennant une retenue proportionnelle de 10 f., 25 f., 100 f. pour prime ou une souscription de 10 fr. MM. les bureaucrates vont crier : *c'est un rêve de la folie inexécutable !* Je répondrai à ce cri par des calculs et en prouvant que l'uxécution est aussi simple qu'était colossale l'exécution du projet de réduction des rentes.

Du reste, je ne comprends dans mes tableaux aucune réduction même fictive sur les rentiers, Je ne porte à cet égard mon projet que pour mémoire, parce que je suis convaincu que les petits rentiers eux-mêmes présenteront une pétition pour son adoption. Dans ce dernier cas, il faudra ajouter 30 millions de plus par an, dans le bénéfice calculé ci-dessus à 45 millions.

Voyez dans ma lettre adressée à M. de Villèle, page 33) le résultat général de mes calculs, dont j'ai inutilement sollicité la vérification.

Cet ouvrage sera précédé des moyens de crédit ci-après , savoir :

1°. Projet *annoncé dans un journal en décembre 1822 , et offert à Monseigneur de Villèle à la même époque,* pour prévenir les effets de la hausse au pair, *qui a surpris S. E. en 1824.*

2°. *Proposition et offres garanties par des cautions* pour récompenser l'armée , par un établissement *sans frais,* aussi glorieux que celui des Invalides, au moyen d'une propriété domaniale, triple en étendue de l'enceinte de Paris, et offerte par M. Darmaing, avec renonciation au bénéfice des lois sur les révélations à Monseigneur le comte de Villèle en mai 1823, époque où ce projet pouvait être utile au *Héros du Midi,* et jeter un nouvel éclat sur le ministère de M. le maréchal duc de Bellune.

Observations. *Projet et offres garanties par des cautions :* ce titre répond à toutes les objections banales; c'est trop beau ! c'est impossible ! En juillet 1823, M. Darmaing a offert un château royal et

six mille arpens pour fournir à S. M. les
moyens de récompenser l'armée fidèle, par
un établissement aussi glorieux que celui
de Invalides ; non-seulement sans qu'il en
coutât une obole au trésor, mais encore en
s'obligeant de payer 4 millions par an pour
les contribuables, et en procurant d'autres.
avantages. *Ces offres garanties par. des
cautions* pouvaient souffrir d'autant moins
de difficulté que M. *Darmaing* avait offert
la remise gratuite du domaine à M. de Villèle le 5 mai 1823 ; en renonçant au bénéfice des lois sur les révélations, M. de Villèle avait refusé la propriété, parce qu'il
craignait d'engager le Gouvernement dans
des contestations avec les usurpateurs de
quelques parcelles du domaine ; or, d'a-
près les offres cautionnées, les capitalistes,
moyennant un bail de biens perdus et que
M. de Villèle considérait comme onéreux
pour l'état, se chargeaient non-seulement
de poursuivre les. tiers détenteurs, s'il y
avait lieu, à leurs frais, périls et risques,
mais encore de concilier tous les intérêts,
de fournir un château royal et six mille ar-

pens en valeur pour l'armée, et quatre millions par an pour les contribuables ; il n'y avait aucun risque à courir pour le Gouvernement; il suffisait de dire : *j'accepte;* il y avait tout à perdre et rien à gagner en refusant ; tout à gagner et rien à perdre en acceptant.

Pourquoi donc le projet a-t-il échoué ? C'est ce qu'on pourra décider par la correspondance que je publierai. Je vais me borner à citer ici quelques faits importans, pour déjouer les intrigues de la malveillance et de l'intérêt personnel; pour empêcher qu'on ne soit tenté de dire que je publie cet écrit pour inculper tout le monde, parce que je suis fâché de n'avoir pu obtenir la concession d'un vaste domaine ; j'ai toujours rendu et je rends justice au zèle de toutes les autorités.

J'ai toujours dit que l'immeuble que je veux réunir à la couronne, en répudiant le bénéfice des lois sur les révélations, *qu'on m'a offert,* n'a été distrait du domaine public que par des circonstances fortuites indépendantes de la vigilance de l'administration ; j'ai reconnu aussi que cet immeuble , dans les mains de l'administration ou d'un concessionnaire quelconque , ressemblerait à une mine dont l'exploitation offrirait plus d'inconvéniens que d'avantages. Avant la révolution , on l'a concédé pour 70 septiers de grains, et le concessionnaire, qui n'a jamais payé la rente , est mort en prison pour dettes sans avoir pû remplir les obligations qui lui étaient imposées.

Si on voulait me concéder le domaine au même prix, à la charge par moi de remplir les mêmes obligations pour le mettre en valeur, je refuserais la concession. Je n'attache donc aucun prix à ce domaine. Mais je dois attacher le plus grand prix aux moyens de crédit que j'ai créés , puisqu'ils ont déterminé des capitalistes à offrir, moyennant une concession à temps, de biens perdus pour l'état, un château royal et six mille arpens en valeur pour l'armée, et quatre millions par an pour les contribuables. Avec mes moyens de crédit, les Anglais paieraient une semblable propriété quatre et cinq milliards. Ces moyens de crédit sont ma propriété ; on me l'a volée chez moi, en me prenant au dépourvu, et en me plaçant un pistolet sur la gorge. Le coupable a invoqué ma générosité ; je pouvais le perdre ; j'ai pardonné. Mais j'ai appris depuis qu'un soi disant agent d'affaires était saisi de mon secret, de ma propriété ; qu'il n'avait pas même ignoré, en l'achetant, comment elle m'a été enlevée ; et que par un homme de paille..... Enfin, je ne veux nuire à personne ; mais je dirai tout, si on abuse de ma générosité. C'est pour qu'on ne soit pas tenté d'en abuser, et pour m'assurer ma propriété, que je publie mon projet.

Je dois ajouter que le 16 août dernier, j'ai adressé ce projet à un ministre religieux, et qui sait tout voir par ses yeux. Le 19 août (trois jours après), j'ai reçu une première réponse autographe de ce ministre, et le 31 août, une réponse décisive, portant que S. E. a cru devoir s'arrêter à une objection préjudicielle d'incompétence que j'avais prévue, et cherché à détruire en recourant à un antécédent du dernier gouvernement.

S. E. a daigné ajouter : « Telle est la » réponse que je me vois *obligé* de vous » faire. Je suis d'autant plus fâché qu'elle » ne soit pas conforme à vos vœux, que *je* » *rends justice aux principes et aux sen-* » *timens que vous manifestez;* mais vous » reconnaîtrez, je l'espère, *l'impossibilité* » où je me trouve de prendre un autre » parti ».

L'objection préjudicielle a *malheureuse-ment* cessé. Je répondrai à la confiance du digne ministre du Roi, en le laissant maître de disposer de mes moyens de crédit (qui semblent avoir mérité son suffrage), ainsi qu'il jugera convenable dans l'intérêt du Roi. Je borne désormais mon ambition à être utile à Charles X, et à prouver mon désintéressement absolu, pour n'être plus exposé aux intrigues de la cupidité, et à faire un malheur si on était encore tenté de me mettre un pistolet sur la gorge, car on ne me prendrait plus au dépourvu.

AVIS.

« Aux héritiers de tous les Français,
» magistrats, militaires, hommes de lettres,
» banquiers et manufacturiers, nobles et
» roturiers, pauvres et riches, citadins,
» habitans de la campagne, vignerons et
» artisans; curés, vicaires de village, et
» autres prêtres reclus; en un mot, aux fa-
» milles de tous les *malheureux royalistes*
» vendéens et autres, victimes des fusillades
» de Lyon, des noyades de Nantes, des
» assassinats des tribunaux révolutionnaires,
» et ayant droit au système d'indemnité de
» M. *de Villèle*, en faveur des émigrés,
» d'après les promesses royales, les disposi-
» tions de la charte sur les droits acquis, la
» délibération des Chambres, motivée sur
» les actes antérieurs à la restauration, et d'a-
» près même la foi jurée par M. *de Villèle.*

L'*Écho du Midi*, imprimé à Toulouse,
patrie de M. *de Villèle*, et qui me paraît
devoir être bien informé, a publié le résultat des renseignemens recueillis par ordre
supérieur (de M. de Villèle) dans le dépar-
tement de la Haute-Garonne, pour l'indemnité des émigrés, en ajoutant que le

projet ministériel (de M. de Villèle) sera soumis et discuté au conseil dans le courant du mois de septembre ou d'octobre 1824.

Des lettres particulières m'ont annoncé » que ces renseignemens ont été recueillis » dans tous les départemens, d'après une » circulaire officielle du 1.er juin dernier » (1814), qui ne comprend que les émigrés. » Telle est l'interprétation qu'on a donnée » à cette circulaire, que les héritiers des mal- » heureux condamnés pendant le règne de la » terreur, et dont les biens ont été vendus » comme nationaux, sont exclus du système » d'indemnité de M. de Villèle, ainsi que les » héritiers des prêtres reclus » ; et par une conséquence invincible, il faudra exclure du système d'indemnité de M. de Villèle, tous les prévenus d'émigration, rayés ou éliminés avant la restauration, c'est-à-dire, tous ceux qui ont des droits acquis : c'est ce que je démontrerai en retraçant les actes et promesses énoncés dans le titre, si je peux découvrir qu'on a commis une erreur géné- rale ; *mais je crois que ce n'est qu'une er- reur partielle qui sera réparée.*

Imprimerie de MIGNERET, rue du Dragon, N.º 20.